Cazadores de tornados

Medidas de tendencia central

Christine Dugan

Asesoras

Pamela Dase, M.A.Ed.
Maestra certificada por la Junta Nacional
Barbara Talley, M.S.
Universidad de Agricultura y Mecánica de Texas

Créditos de publicación

Rachelle Cracchiolo, M.S.Ed., *Editora comercial*
Emily R. Smith, M.A.Ed., *Vicepresidenta superior de desarrollo de contenido*
Véronique Bos, *Vicepresidenta de desarrollo creativo*
Caroline Gasca, M.S.Ed., *Gerenta general de contenido*
Robin Erickson, *Directora superior de arte*

Créditos de imágenes: portada Shutterstock, James Thew/Shutterstock; Getty Images/Science Faction; págs.4–5 Getty Images, pág.5 (superior) Tim Bradley, (inferior) Getty Images/Flickr Select; págs.6–7 Mike Tittel; págs.8–9 Getty Images/Flickr RM; pág.10 (izquierda) Jim Reed/Photo Researchers Inc., (derecha) Laubacht (CC-A) a través de Wikimedia; págs.10–11 Kondrachov Vladimir/Shutterstock; pág.11 Olaru Radian-Alexandru/Shutterstock; págs.12–13 Dean Kerr/Shutterstock; pág.13 Ryan McGinnis/Photolibrary; pág.14 (izquierda) SeanMartin/iStockphoto, (derecha) clintspencer/iStockphoto; págs.14–15 lafoto/Shutterstock; pág.15 Getty Images/Science Faction; pág.16 AFP/Getty Images; págs.16–17 Dustie/Shutterstock; pág.17 University of Chicago; pág.18 Jim Reed/Photo Researchers, Inc.; págs.18–19 jokerpro/Shutterstock; pág. 20 Keith R. Neely; págs.20–21 EmiliaU/Shutterstock; pág.22 Keith R. Neely; págs.22–23 James Thew/Shutterstock; pág.23 NOAA; pág.24 arh0n/iStockphoto; págs.24–25 kavram/Shutterstock; pág.26 Jim Reed/Photo Researchers, Inc.; págs.26–27 Zastol`skiy Victor Leonidovich/Shutterstock; pág.27 (izquierda) Getty Images/Science Faction, (derecha) Jim Reed/Photo Researchers, Inc.; pág.28 Caitlin Mirra/Shutterstock

5482 Argosy Avenue
Huntington Beach, CA 92649
www.tcmpub.com
ISBN 979-8-7659-6051-6
© 2024 Teacher Created Materials, Inc.
Printed by: 51497
Printed in: China

Tabla de contenido

La emoción de cazar

Algunas personas se la pasan buscando aventuras. Les gusta correr riesgos. Disfrutan los desafíos.

Los cazadores de tornados son así. Van en busca de emociones. Persiguen un tornado para ver adónde se dirige. También quieren ver los efectos que produce el tornado. A los cazadores de tornados les gusta la adrenalina de las tormentas.

Un tornado es una columna de aire que gira a gran velocidad y produce una nube en forma de embudo descendente. La nube actúa como una aspiradora cuando entra en contacto con el suelo. Levanta todo lo que encuentra a su paso.

Los tornados pueden comenzar como tormentas eléctricas. Las **supercélulas** son las tormentas eléctricas más violentas. Ocurren cuando soplan vientos fuertes en direcciones opuestas. Si el aire toca el suelo, se convierte en un tornado.

¿Por qué se forma un tornado?

Nadie sabe con certeza por qué se origina un tornado. Sin embargo, los **meteorólogos** saben que la combinación de ciertas condiciones específicas, como el aire inestable, la humedad y las corrientes de aire ascendentes, pueden ocasionar un tornado.

El Corredor de los Tornados

Los tornados pueden ocurrir en cualquier lugar. Sin embargo, tres de cada cuatro tornados se producen en Estados Unidos. En la parte central del país hay más tornados que en cualquier otro lugar de la Tierra. Esta región se conoce como el *Corredor de los Tornados*.

Corredor de los Tornados

Un cazador de tornados filma una supercélula.

5

¿Por qué a alguien le interesaría perseguir un tornado? Hay diferentes razones. Para algunos, es un trabajo. Pero para muchas otras personas, es un pasatiempo.

A algunos cazadores de tornados les interesa el aspecto científico de la tormenta. Quieren saber cómo se desplaza y se comporta. Les gusta reunir **datos** que los ayuden a comprenderla mejor. Saben que hay muchos patrones meteorológicos que pueden dar lugar a un tornado. A veces, esos patrones desencadenan un tornado, pero a veces no. ¡Por eso estas tormentas son tan difíciles de predecir!

Dos meteorólogos colocan herramientas de recolección de datos en el camino de los tornados.

¿Observador o cazador?

Algunas personas se hacen llamar "observadores de tornados" en lugar de "cazadores de tornados". ¿Cuál es la diferencia? Los observadores se quedan en un lugar para comunicar información en vivo sobre el estado del tiempo a las agencias meteorológicas. Los cazadores suelen ir de un lugar a otro y, a veces, viajan cientos de millas persiguiendo una tormenta.

Los cazadores de tornados quieren saber todo acerca de los patrones meteorológicos que producen tornados. Les interesan los cambios en el patrón de los vientos. Estudian la temperatura. Siguen el movimiento de las nubes. También observan el suelo en busca de **escombros** o una nube de polvo.

Medidas de tendencia central

Las **medidas de tendencia central** son formas de describir la parte intermedia de un **conjunto de datos**. Una de esas medidas es la **media**. También se la conoce como **promedio**. Para hallar la media de un conjunto de datos, se suman los valores y se divide el resultado entre la cantidad total de valores del conjunto.

EXPLOREMOS LAS MATEMÁTICAS

Los tornados causan daños por millones de dólares cada año. Usa la siguiente tabla para responder la pregunta.

Daño total a causa de los tornados

Año	Costo de los daños (en millones de dólares)
2000	$546.8
2001	$796.9
2002	$1,002.6
2003	$1,537.8
2004	$642.6
2005	$569.4
2006	$834.9
2007	$1,506.1
2008	$1,848.7
2009	$602.4
2010	$1,134.6

¿Cuál fue el promedio del costo de los daños de los tornados entre 2000 y 2010? Redondea la respuesta al millón más próximo. (*Pista*: recuerda que estos datos están expresados en millones de dólares).

Atención a las alertas

Es probable que no todos comprendan el trabajo de un cazador de tornados. Quizá piensen que perseguir una tormenta es peligroso e innecesario. Pero los cazadores de tornados realizan un trabajo importante. Incluso ayudan a salvar vidas.

Los cazadores de tornados intentan anticiparse a las tormentas. Desean alertar a los demás. Si pueden avisar que llega un tornado, la gente buscará refugio.

Algunos cazadores de tornados informan a los funcionarios del servicio de meteorología cuando detectan un tornado. Las oficinas locales del Servicio Nacional de Meteorología emiten una alerta de tornado. En ese momento, los habitantes de la zona deben buscar refugio.

La moda y la mediana

A algunos científicos les interesan otras dos medidas de tendencia central de un conjunto de datos: la **moda** y la **mediana**. La moda es el número que aparece con mayor frecuencia en el conjunto de datos. La mediana es el valor del medio cuando los números están en orden ascendente o descendente. Si la cantidad de datos es un número par, la mediana es el promedio de los dos números del medio.

Algunos lugares ayudan a protegerse de los tornados. Los refugios contra las tormentas, los sótanos y los espacios pequeños sin ventanas (como los armarios) son opciones inteligentes. La bañera puede ser el lugar más seguro en una casa sin sótano. No te acerques a las ventanas ni a objetos pesados durante un tornado. Protégete si caen escombros. En un edificio alto, dirígete a los pisos más bajos. Las escaleras también son lugares seguros.

refugio contra tormentas en Oklahoma

EXPLOREMOS LAS MATEMÁTICAS

Tornados mortales de EE. UU.

Año	Tornados mortales
2000	14
2001	24
2002	28
2003	23
2004	20
2005	12
2006	25
2007	26
2008	38
2009	9
2010	22

El Servicio Nacional de Meteorología reúne datos sobre el estado del tiempo en Estados Unidos. Usa la tabla para responder las preguntas. Redondea las respuestas al número entero más próximo.

a. ¿Cuál es la mediana de este conjunto de datos?

b. ¿Cuál es la moda de este conjunto de datos?

c. ¿Cuál es la media de este conjunto de datos?

9

Instrumentos especiales

Los cazadores de tornados deben actuar con rapidez. Deben ser capaces de trasladarse de un lugar a otro para reunir datos. Su oficina son sus vehículos.

Estos vehículos cuentan con un equipo especial para reunir datos. La mayoría de los instrumentos meteorológicos no pueden colocarse al aire libre para medir condiciones extremas. No resisten la intensidad de un tornado.

Un meteorólogo observa patrones meteorológicos vía satélite.

Tortugas para los tornados

Las *tortugas* son unos instrumentos que se usan durante un tornado para reunir datos. Son pequeños dispositivos que resisten las altas velocidades del viento. Miden la temperatura, la presión y la humedad del suelo.

Los cazadores de tornados necesitan documentar la tormenta de algún modo. Usan una cámara digital o una cámara de video. Así pueden compartir imágenes de todo lo que ven.

Muchas veces, cuentan con un sistema para monitorear el estado del tiempo. Usan un instrumento llamado anemómetro, que mide la fuerza y la dirección del viento.

Los cazadores también deben saber adónde dirigirse. Muchos tienen un **sistema de posicionamiento global (GPS)** para orientarse. El GPS les indica cómo llegar al área donde se encuentra el tornado. Si cuentan con un GPS en los vehículos, pueden compartir su ubicación con otras personas. Este dato puede proporcionar información sobre la dirección y la rapidez de la tormenta.

Rango y valores extremos

Cuando un meteorólogo interpreta un conjunto de datos, es necesario que preste atención a los **valores extremos**. Son el valor más alto y el valor más bajo. El **rango** es la diferencia entre los valores extremos del conjunto de datos.

EXPLOREMOS LAS MATEMÁTICAS

Usa los datos de la tabla de la página 9 para responder las siguientes preguntas.

a. ¿Cuáles son los valores extremos de los datos?

b. ¿Cuál es el rango de los datos?

GPS de mano

Estudiar las tormentas

Una vez que el tornado ha pasado, los cazadores deben decidir qué harán con los datos que han reunido. A veces, cuentan con datos numéricos muy importantes. Tal vez tienen un buen video o una buena fotografía que revela algo extraordinario sobre la tormenta. ¿A quién podría interesarle esa información?

El radar Doppler

El radar Doppler es un tipo de sistema de rastreo que detecta el desplazamiento y la intensidad de las precipitaciones. Se utiliza para rastrear una tormenta y pronosticar los fenómenos severos que pueden producirse. Algunos cazadores de tornados tienen radares meteorológicos móviles en sus vehículos. Se llaman *Dopplers sobre ruedas*.

Las torres de radar Doppler reúnen datos meteorológicos.

A los medios a veces les interesan las fotografías o los videos de un cazador de tornados. Los periódicos o los programas de noticias pueden querer mostrar las imágenes y dar a conocer el suceso. Así, las personas tendrán una mejor idea de cómo es o cómo se oye una tormenta en el preciso momento en que ocurre.

A las agencias meteorológicas también les interesan los datos que reúnen los cazadores de tornados. Para los meteorólogos locales, los cazadores de tormentas son de gran ayuda. El radar Doppler solo indica la posibilidad de que ocurra un tornado. No puede confirmar si está ocurriendo ni dónde. Por eso es tan importante la observación de primera mano.

Predicción de tormentas

El Centro de Predicción de Tormentas es parte del Servicio Nacional de Meteorología. Ofrece pronósticos precisos y emite avisos sobre la posibilidad de tormentas severas y tornados en Estados Unidos.

Los cazadores de tornados suelen categorizar las tormentas. Cuando observan un tornado en acción, prestan atención a cómo se ve y cómo se comporta. Obtienen información sobre la tormenta y comparten ese conocimiento.

Según sus observaciones, describen las tormentas como *tornados en cuña* o *tornados en cuerda*. Estas palabras se refieren a la forma y la apariencia de un tornado. Los tornados tienen forma de cuerda durante las etapas finales, por ejemplo. Cuando eso pasa, se dice que están en "fase de cuerda". Sin embargo, ¡los tornados son impredecibles! No siempre se puede determinar su fuerza según el tamaño y la apariencia.

tornado en cuerda

tornado en cuña

¿Qué forma tienen?

Un tornado en cuña tiene un ancho igual que su altura o mayor. Los tornados en cuerda son muy angostos y tienen forma de serpiente.

¿Qué es una nube embudo?

Una *nube embudo* o *tuba* gira, pero no causa ningún daño a menos que toque el suelo. De todos modos, los cazadores de tornados suelen informar cuando detectan una porque puede convertirse en un tornado rápidamente.

Los cazadores observan el color de los tornados, que varía según el lugar donde se forman, la ubicación del sol y el estado del tiempo. Los tornados son muy oscuros cuando el sol está detrás de ellos. Durante el atardecer, tienen tonalidades rosadas, anaranjadas o amarillas. Si hay mucha lluvia detrás del tornado, tienen un color gris oscuro o azul.

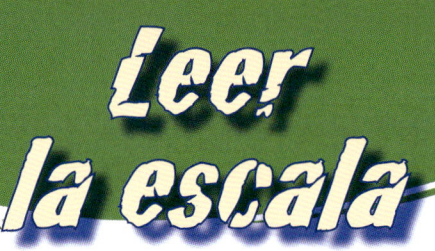

Leer la escala

Cuando termina el tornado, los datos reunidos pueden indicar lo peligrosa que fue la tormenta. Un tornado siempre es fuerte e impredecible. Pero, a veces, los cazadores no se dan cuenta de que se trataba de una tormenta feroz hasta que termina. Tal vez más tarde descubren que estuvieron persiguiendo un tornado de nivel alto en la escala de Fujita mejorada (escala EF), en base a los daños que causó.

Dirección de giro

Los tornados giran en direcciones opuestas en los hemisferios norte y sur. En general, giran en sentido contrario a las agujas del reloj en el hemisferio norte y en el sentido de las agujas del reloj en el hemisferio sur. Muchas personas les dicen "remolinos" por esos giros.

una familia en el sitio donde un tornado destruyó su casa en Tuscaloosa, Alabama

La escala de Fujita mejorada (escala EF)

La fuerza de un tornado se clasifica en una escala de EF0 a EF5.

Fuerza	Velocidad del viento (millas por hora)	Velocidad del viento (kilómetros por hora)
EF0	65–85	105–137
EF1	86–110	138–177
EF2	111–135	178–218
EF3	136–165	219–266
EF4	166–200	267–322
EF5	Más de 200	Más de 322

La escala EF se creó en 2007 para modificar la escala de Fujita (escala F) de 1970. Califica la fuerza del viento según su velocidad y sus posibles efectos. También indica el daño que ha causado una tormenta. El valor inicial es EF0, que corresponde a daños leves por vientos que van de 65 a 85 millas (105 a 137 km) por hora. La escala asciende hasta una tormenta EF5 con vientos de más de 200 millas (322 km) por hora y daños atroces.

Los cazadores de tornados saben que ciertas tormentas con vientos fuertes automáticamente causan más daños. Si se quedan en un lugar después de que pasó el tornado, podrán ver los efectos del fenómeno que acaban de presenciar.

El Dr. Tetsuya "Ted" Fujita con su simulador de tornados

Seguros en el suelo

Es interesante que los cazadores de tormentas usen autos para ir tras los tornados. ¡El interior de un auto es uno de los lugares más peligrosos durante un tornado! Los vientos de un tornado pueden levantar objetos tan pesados como un auto.

Conducir un automóvil para buscar un lugar donde refugiarse de un tornado no es una buena idea. Los escombros que vuelan pueden dañar el automóvil y lastimar a las personas que hay dentro. Las calles pueden ser inestables. Además, los automóviles pueden interponerse en el camino de otros que huyen o bloquear el paso de los rescatistas. Lo más sensato es salir de los vehículos o alejarse de la tormenta.

Los cazadores de tornados deben determinar cuándo una tormenta está demasiado cerca. Quieren conseguir buenos videos, pero están en una posición muy **vulnerable** cuando están a la intemperie. Incluso ellos necesitan refugiarse en situaciones muy peligrosas.

Los cazadores de tormentas profesionales Reed Timmer (con la cámara) y Joel Taylor observan un tornado en el oeste de Dakota del Sur.

Dispersión de los datos

Mira los datos de la tabla de la página 9. La mediana de la mitad inferior del conjunto de datos se llama *cuartil inferior*. El *cuartil superior* es la mediana de la mitad superior del conjunto de datos. La diferencia entre los cuartiles superior e inferior se llama *rango intercuartílico*.

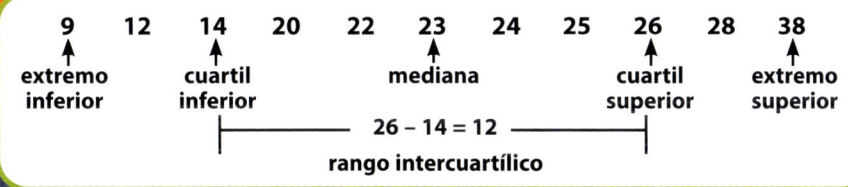

EXPLOREMOS LAS MATEMÁTICAS

Un **diagrama de caja** es una gráfica que permite ver a simple vista cómo se distribuyen los datos. Mira el siguiente diagrama de caja. El diagrama describe los datos de la tabla de la página 9.

Tornados mortales 2000–2010

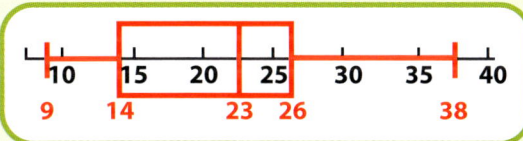

a. ¿Qué medida de tendencia central no se puede ver en un diagrama de caja?

b. La mediana en esta gráfica está más cerca del cuartil superior que del cuartil inferior. ¿Qué indica la posición de la mediana?

c. ¿Cuántos años se incluyen en la tabla de la página 9? ¿Puedes decir cuál es la cantidad de años mirando el diagrama de caja?

d. ¿Cuáles son los valores del cuartil superior y el cuartil inferior de la gráfica? (*Pista:* usa la tabla de la página 9 para hallar los valores exactos).

e. Los valores que están muy lejos del resto de los datos se llaman **valores atípicos**. Enumera todos los valores atípicos de este conjunto de datos.

Los primeros cazadores

La vida de los cazadores de tornados ha cambiado con el tiempo. Antes, se sabía muy poco sobre los tornados. Incluso los científicos no entendían muchas cosas sobre ellos. La gente les tenía bastante miedo. Los veían como algo súbito e impredecible.

Luego, se desarrollaron tecnologías para aprender más sobre los tornados. Con las computadoras, los científicos pudieron reunir y estudiar los datos relacionados con las tormentas. Hoy, los radares y otros métodos de detección nos advierten si hay tornados en el área donde vivimos. Sin embargo, seguir tornados en persona es muy importante. La observación humana sigue siendo necesaria.

Roger Jensen fue uno de los primeros cazadores de tormentas. Siguió tornados y otras tormentas en las décadas de 1950 y 1960. Trabajaba sobre todo en Dakota del Norte y Minnesota. Fue cazador de tornados hasta que murió en 2001, a la edad de 67 años.

Roger Jensen

Tornados en otras partes del mundo

Estados Unidos tiene un promedio de más de 1,000 tornados por año. Aunque ocurren más tornados en EE. UU. por año que en cualquier otro lugar, el Reino Unido tiene más tornados por milla cuadrada al año que cualquier otro país.

EXPLOREMOS LAS MATEMÁTICAS

La siguiente tabla muestra datos de los 10 tornados más mortales registrados en Estados Unidos. Usa los datos para responder las preguntas.

Los 10 tornados más mortales en EE. UU.

Puesto	Fecha	Cantidad de muertes
1	18 de marzo de 1925	695
2	6 de mayo de 1840	317
3	27 de mayo de 1896	255
4	5 de abril de 1936	216
5	6 de abril de 1936	203
6	9 de abril de 1947	181
7	22 de mayo de 2011	153
8	24 de abril de 1908	143
9	12 de junio de 1899	117
10	8 de junio de 1953	115

a. Calcula la media, la mediana y la moda de los datos.

b. ¿Cuál es el valor atípico de los datos?

c. ¿Cuáles son los valores extremos y el rango de estos datos?

Otro cazador famoso vio su primer tornado en 1965. David Hoadley es considerado un líder en el campo de la búsqueda de tornados. Fue el primero que cruzó las fronteras estatales persiguiendo una tormenta.

Hoadley tiene un don natural para escoger qué tormenta seguir. Ha atraído la atención de los medios hacia la comunidad de cazadores de tornados. Hoadley siempre quiere asegurarse de que los cazadores de tornados no corran peligro y actúen con inteligencia. No quiere que la búsqueda de tormentas se convierta en un deporte de aventura riesgoso. No cree que sea una actividad para personas que solo buscan emociones fuertes. Respeta el rol que desempeñan los cazadores de tornados en la obtención de información sobre los fenómenos meteorológicos extremos. Al igual que muchos otros cazadores de tormentas, está interesado en el aspecto científico de las tormentas.

David Hoadley continúa cazando tornados cada primavera.

David Hoadley

¿Lo sabías?

Los cazadores de tornados intentan estar siempre al sureste de un tornado porque se cree que es el lugar más seguro. Eso se debe a que los tornados en general se desplazan del suroeste al noreste.

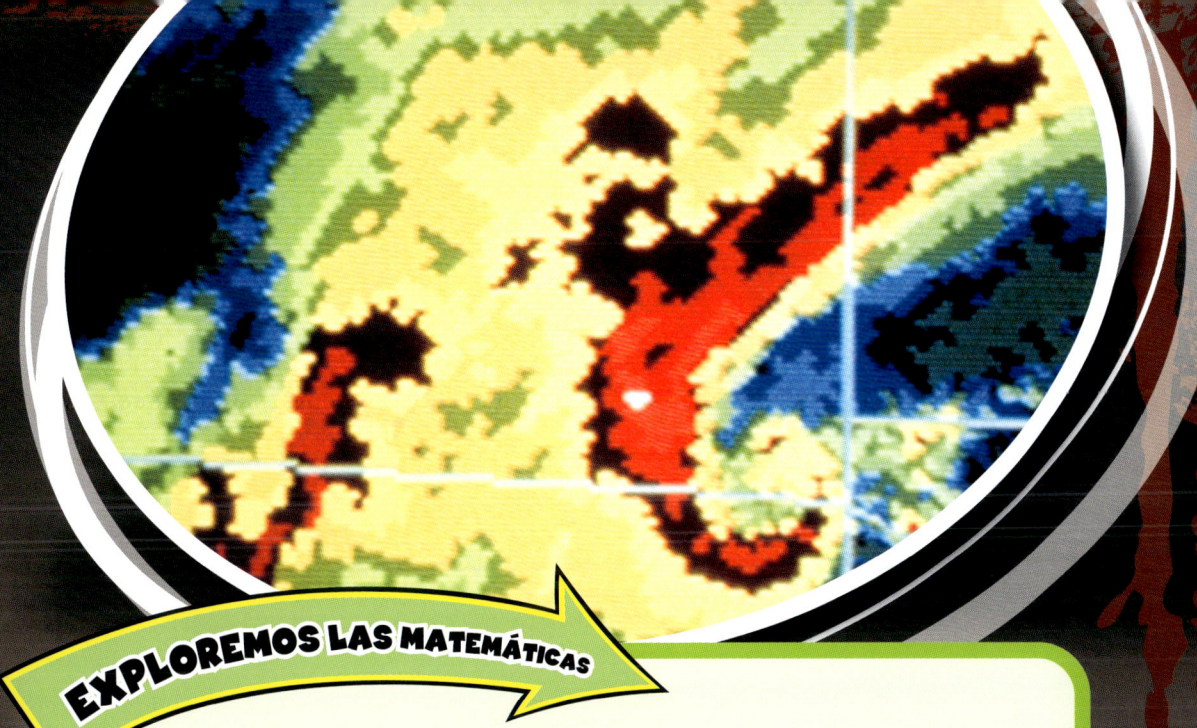

En abril de 2011 hubo una seguidilla de tornados que marcó un récord. El daño causado por un tornado depende tanto de la velocidad del viento como de la cantidad de tiempo que permanece en contacto con el suelo. Usa la siguiente tabla para responder las preguntas.

Tornados en Kentucky
Abril de 2011

Tornado	Millas en el suelo
1	3.4
2	1.0
3	2.0
4	1.75
5	2.5
6	0.05
7	3.3
8	4.0
9	0.5
10	1.2
11	4.4

a. ¿Cuáles son los valores extremos de los datos?

b. ¿Cuál es el rango de los datos?

c. ¿Cuáles son la media y la mediana? (Redondea la mediana a la décima más próxima).

d. ¿Cuáles son los cuartiles superior e inferior?

e. ¿Cuál es el rango intercuartílico?

Remolinos por todo el mundo

Hay cazadores de tornados en todas partes del mundo. Los tornados ocurren, y se han informado, en seis de los siete continentes. La Antártida es el único continente donde no se tienen registros de tornados. Sin embargo, eso no significa que no puedan ocurrir alguna vez en ese lugar.

tromba marina

La tabla muestra algunos días en que Bangladés fue azotada por tornados mortales desde 1989 hasta 1999. (A cada día del año se le asigna un número del 1 al 365. Por ejemplo, el primero de enero es el día 1). Usa la tabla para responder las preguntas.

Tornados mortales en Bangladés
1989–1999

Fecha del tornado	Día
26 de abril de 1989	116
9 de enero de 1993	9
14 de mayo de 1993	134
28 de septiembre de 1995	271
13 de mayo de 1996	133
12 de octubre de 1997	285
19 de julio de 1998	200
26 de marzo de 1999	85

a. Halla la mediana, el extremo inferior y el extremo superior.

b. ¿Cuál es el rango de los datos?

c. ¿Cuáles son los cuartiles inferior y superior? ¿Cuál es el rango intercuartílico?

d. ¿Cómo describirías la temporada de tornados en Bangladés?

Hay otros fenómenos meteorológicos similares a los tornados que ocurren por todo el mundo. Son remolinos que no se forman a partir de supercélulas. Un ejemplo son las *trombas marinas*, que son tornados sobre el agua, y algunos torbellinos más pequeños en tierra, como las *tolvaneras*, o remolinos de arena. Hay remolinos en todas partes del mundo. ¡Incluso ha habido una tolvanera en Marte!

Una vida emocionante

Los cazadores de tornados sienten atracción por la aventura. Van tras la acción y el misterio de una tormenta cuando se forma. Perseguir un tornado puede ser muy emocionante.

Sin embargo, el trabajo de un cazador de tornados puede ser peligroso. La seguridad es muy importante. Es fundamental ubicarse a una distancia prudente de la tormenta. Los cazadores de tornados tienen que darse cuenta del momento en que deben dejar de observar y dirigirse a un lugar seguro.

Un grupo de cazadores de tornados observan una supercélula en Dakota del Sur.

Los cazadores de tornados
prestan un servicio importante.
Son los ojos y los oídos que
presencian las tormentas desde
el suelo. Los científicos rastrean
los tornados y hacen predicciones.
Pero la forma en que se comporta
un tornado mientras está ocurriendo
da mucha información. Los cazadores
de tormentas reúnen estos datos.
Los informes de los cazadores de tornados
sirven para advertir del peligro a otras personas.
¡Su trabajo heroico puede salvarle la vida a alguien!

Unos cazadores de tornados observan tormentas.

El aumento del nivel del agua

Cada año, las inundaciones se cobran más de 20,000 vidas y generan dificultades en casi 150 millones de personas en todo el mundo. El impacto de las inundaciones se debe, sobre todo, a las altas densidades de población alrededor de los ríos y otras masas de agua. Esas áreas representan un recurso importante para la agricultura, el transporte y la industria, por lo que no es de extrañar que las civilizaciones hayan decidido ubicarse allí.

Países con la mayor cantidad de inundaciones 1998–2010

País	Cantidad aproximada de inundaciones
Estados Unidos	218
China	194
India	127
Indonesia	122
Filipinas	93
Vietnam	80
Australia	80
Rusia	80
Afganistán	66
Tailandia	56

¡Resuélvelo!

Usa los datos de la tabla para responder las preguntas.

a. Halla la media, la mediana, la moda y el rango del conjunto de datos. Redondea las respuestas al número entero más próximo.

b. Halla los valores extremos, los cuartiles superior e inferior y el rango intercuartílico.

c. Haz un diagrama de caja para representar los datos.

d. Describe lo que indican los datos sobre las inundaciones en todo el mundo de 1998 a 2010.

Usa estos pasos como ayuda para responder las preguntas.

Paso 1: Para hallar la media, suma todos los números y divide el resultado entre la cantidad de números del conjunto de datos; para hallar la mediana, coloca los números en orden y halla el número del medio; para hallar la moda, identifica el número que aparece más veces en el conjunto de datos; para hallar el rango, resta el extremo inferior del extremo superior.

Paso 2: Para hallar los valores extremos, busca el número más grande y el más pequeño del conjunto de datos; para hallar el cuartil superior, halla la mediana de la mitad superior de los datos (a la derecha de la mediana); para hallar el cuartil inferior, halla la mediana de la mitad inferior de los datos (a la izquierda de la mediana); para hallar el rango intercuartílico, halla la diferencia entre los cuartiles superior e inferior.

Paso 3: Piensa en lo que significa cada medida de tendencia central.

Glosario

conjunto de datos: una colección de datos

datos: información o detalles, a veces en forma de números

diagrama de caja: una gráfica en la que se divide un conjunto de datos en cuatro partes y se muestran los valores extremos, los cuartiles y la mediana (también llamado diagrama de caja y bigotes)

escombros: fragmentos de algo que se ha destruido o roto

media: el promedio

mediana: el número que está en el medio de un conjunto de datos ordenados de menor a mayor o viceversa

medidas de tendencia central: maneras de describir el área del medio de un conjunto de datos

meteorólogos: personas que estudian el clima y el estado del tiempo

moda: el número más frecuente en un conjunto de datos

promedio: la suma de los valores de un conjunto de datos dividida entre la cantidad de valores

rango: la diferencia entre el valor más alto y el más bajo de un conjunto de datos

sistema de posicionamiento global (GPS): un sistema de navegación basado en satélites que indica la ubicación

supercélulas: tormentas muy grandes con corrientes giratorias ascendentes que pueden causar granizo, vientos dañinos y tornados

valores atípicos: valores de un conjunto de datos que son mucho mayores o menores que los demás

valores extremos: el valor más alto y el más bajo de un conjunto de datos

vulnerable: expuesta a ataques o daños

Índice

Exploremos las matemáticas

Página 7:
$1,002,000,000 o $1,002 millones

Página 9:
a. 23
b. No hay.
c. 22

Página 11:
a. extremo superior: 38; extremo inferior: 9
b. 29

Página 19:
a. media y moda
b. En la mitad superior, los datos están más agrupados que en la mitad inferior.
c. 11; No
d. cuartil superior: 26; cuartil inferior: 14
e. No hay valores atípicos para este conjunto de datos.

Página 21:
a. media: 239.5; mediana: 192; moda: no hay
b. 695
c. extremo superior: 695; extremo inferior: 115; rango: 580

Página 23:
a. extremo superior: 4.4; extremo inferior: 0.05
b. 4.35
c. media: 2.2; mediana: 2
d. cuartil superior: 3.4; cuartil inferior: 1
e. 2.4

Página 25:
a. mediana: 133.5; extremo inferior: 9; extremo superior: 285
b. 276
c. cuartil inferior: 100.5; cuartil superior: 235.5; rango intercuartílico: 135
d. La temporada de tornados en Bangladés se extiende de abril a octubre.

Resolución de problemas:

a. media: 112; mediana: 87; moda: 80; rango: 162
b. extremo superior: 218; extremo inferior: 56; cuartil superior: 127; cuartil inferior: 80; rango intercuartílico: 47
c.

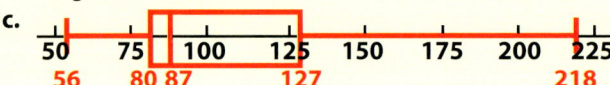

d. Las respuestas variarán. Ejemplos de respuestas posibles: Las inundaciones parecen ser más frecuentes en los países en desarrollo. Existe un rango amplio de recuentos, por lo que la ubicación y el tamaño de los países harán que varíen los recuentos. La media y la mediana del conjunto de datos no tienen un valor cercano, pero el rango intercuartílico es relativamente pequeño. Eso significa que los recuentos son similares en la mitad central del conjunto de datos, pero las medidas generales de tendencia central se modifican por los valores extremos.